AF305655

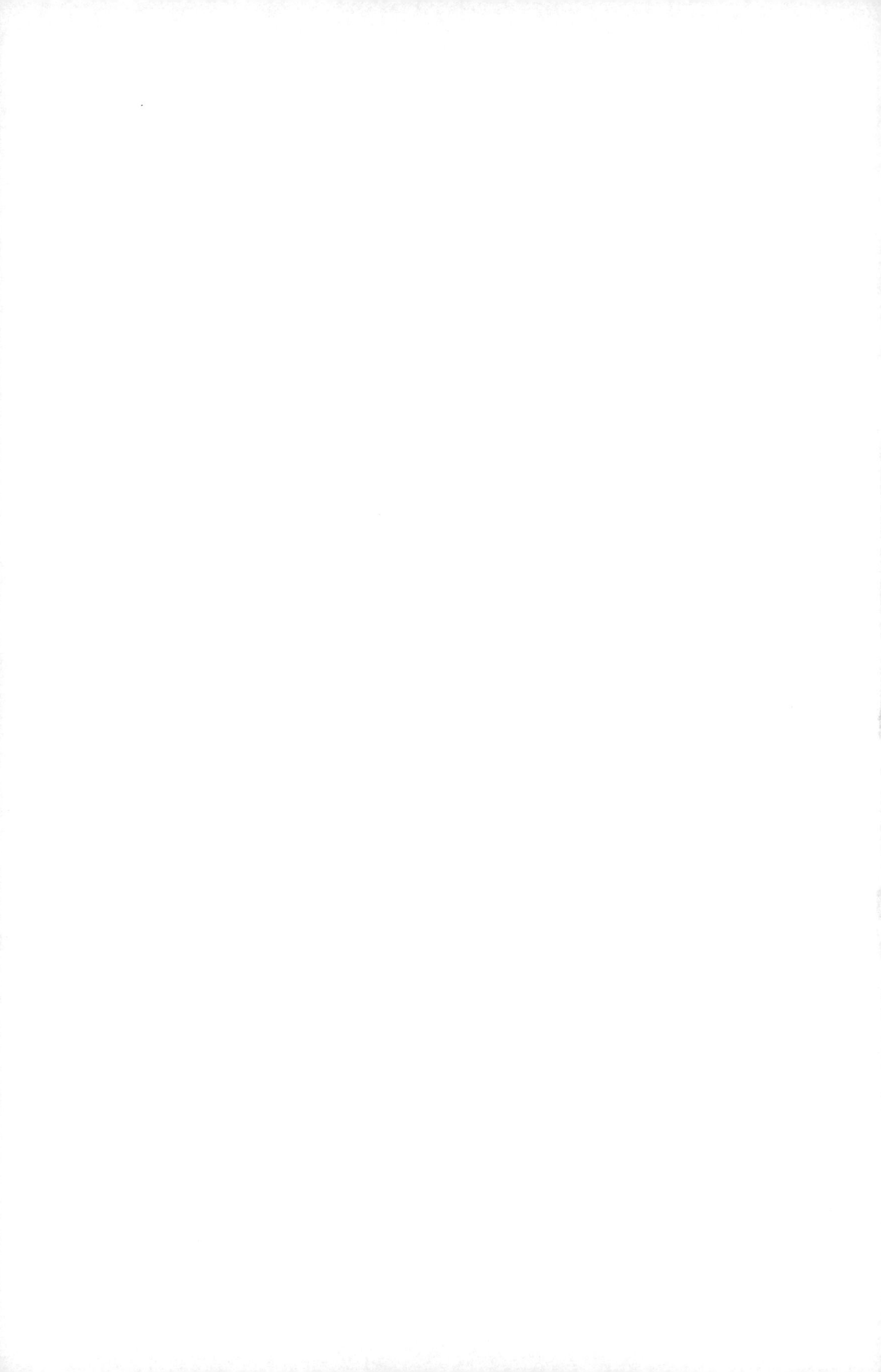

CATALOGUE

D'UNE JOLIE COLLECTION

D'OBJETS D'ART

ET DE CURIOSITÉ

Faïences italiennes et de Perse ; Tableaux dont deux portraits
par Janet et Holbein ;
Objets divers ; Cuivres gravés et damasquinés ;
Bronzes ; Meubles incrustés (Travail ancien) dont deux Fauteuils à X ;
Superbe Tapisserie du XVe et Tapis d'Orient ;
Plusieurs Vases en verre grec exceptionnels et Objets divers.

DONT LA VENTE AURA LIEU

Hôtel Drouot, Salle N° 4

Le Lundi 19 et Mardi 20 Février 1872

A UNE HEURE ET DEMIE

Par le ministère de M⁰ **CHARLES PILLET**, Commissaire-Priseur,
10, rue de la Grange-Batelière.

Et de M. **CARLE DELANGE**, expert, 5, quai Voltaire

Chez lesquels se distribue le présent Catalogue.

EXPOSITION PUBLIQUE : *Le Dimanche 18 Février 1872.*

UNE HEURE A CINQ HEURES.

CATALOGUE

D'UNE JOLIE COLLECTION

D'OBJETS D'ART

ET DE CURIOSITÉ

Faïences italiennes et de Perse ; Tableaux dont deux portraits
par Janet et Holbein ;
Objets divers ; Cuivres gravés et damasquinés ;
Bronzes ; Meubles incrustés (Travail ancien) dont deux Fauteuils à X ;
Superbe Tapisserie du XVe et Tapis d'Orient ;
Plusieurs Vases en verre grec exceptionnels et Objets divers.

DONT LA VENTE AURA LIEU

Hôtel Drouot, Salle N° 4

Le Lundi 19 et Mardi 20 Février 1872

A UNE HEURE ET DEMIE

Par le ministère de Me **CHARLES PILLET**, Commissaire-Priseur,
10, rue de la Grange-Batelière.

Et de M. **CARLE DELANGE**, expert, 5, quai Voltaire

Chez lesquels se distribue le présent Catalogue.

EXPOSITION PUBLIQUE : *Le Dimanche 18 Février 1872.*

ED UNE HEURE A CINQ HEURES.

Paris. — Imp. PILLET fils aîné, rue des Grands-Augustins, 5.

DÉSIGNATION DES OBJETS

FAIENCES ITALIENNES

1 — Bas-relief cintré en faïence, de Luca della Robia.— La Vierge agenouillée en adoration devant l'enfant Jésus, sur le fond bleu deux chérubins. D'une grande finesse d'exécution.—Haut., 0, 80 cent. ; larg., 0, 50 c.

2 — Grande et belle Coupe ronde sur piédouche élevé, décorée de médaillons représentant des bustes de femme et de riches arabesques et chimères en camaïeu bleu sur fond blanc. — Fabrique de Deruta, du commencement du xvie.

3 — Grand et beau Plat à bordure de feuillages et d'imbrications à reflets métalliques ; au centre un buste de femme. — Fabrique de Deruta, xve siècle.

4 — Grand et beau Plat, dit *graffito :* au centre un blason, la bordure est formée de dauphins et de feuillages. — Fabrique de Lafrata au commencement du xvie siècle.

5 — GRAND PLAT dont le centre est orné de paysages avec figures en camaïeu bleu disposées en cercle autour d'un ombilic décoré d'un blason de cardinal ; le bord est orné d'arabesques en grotesques coloriés sur fond blanc. — Fabrique d'Urbino du XVIe siècle. Pièce d'un genre inconnu dans cette fabrique.

6 PLAT DE MOYENNE GRANDEUR, décoré d'ornements (*bianco sopra bianco*), d'une grande finesse d'exécution ; au centre un petit buste d'homme, sur le bord une guirlande en feuillage de chêne. — Fabrique de Faenza. Pièce très-remarquable.

7 — PLAT FESTONNÉ et à piédouche, au centre une figure de génie entourée de trophées en camaïeu sur fond bleu. Superbe émail. — Fabrique de Casteldurante.

7 *bis* — Autre à peu près semblable. — Ce n° sera divisé.

8 — GRAND PLAT. En présence de guerriers qui paraissent étonnés, un personnage, les yeux bandés, traverse un torrent, un autre lui tend la main pour l'aider à passer l'eau. — Fabrique d'Urbino.

9 — GRANDE PLAQUE représentant trois têtes de grandeur naturelle avec fond de paysage. Faisait partie d'un grand tableau en faïence. — Fabrique de Faenza au XVIe siècle, curieux spécimen de peinture sur faïence italienne en grande dimension.

10 — VASE de forme ovoïde décoré d'ornements et arabesques en couleurs sur fond bleu, avec médaillon renfermant une figure de femme. — Fabrique de Casteldurante.

11 — Vase de même forme et à couvercle décoré dans le
même genre, avec médaillon représentant un buste de
femme. Même travail et même fabrique.

12 — Deux Vases à anses décorés d'ornements et de
figures d'apôtres en couleurs sur fond blanc.

13 — Deux Vases décorés de feuillages avec anses à têtes
de dragon.

14 — Deux Vases forme potiche à fond blanc décoré sur
le devant de feuillages avec médaillon représentant des
figures allégoriques. — Fabrique de Caffagiolo du
xv° au xvi°.

15 — Vase forme boule décoré de feuillages et d'ornements bleus sur fond blanc. — Fabrique de Caffagiolo.

16 — Deux Vases à large ouverture et à anses à décor de
feuillages bleus sur blanc.

17 — Plat en faïence de Delft à décor de rosaces et feuillages bleus sur blanc.

FAIENCES ET PORCELAINES
DE PERSE ET DU JAPON

18 — Grand Plat en faïence de Perse à fond bleu intense
décoré de feuillages et d'ornements manganèse. Au

. centre une aiguière de même couleur, le marly à fond turquoise est décoré de médaillons blancs à feuillages de couleurs. — Pièce d'une qualité exceptionnelle.

19 — GRAND PLAT, dans le genre du précédent, à fond bleu décoré de tulipes et feuillages de couleur manganèse et turquoise.

20 — GRAND ET BEAU PLAT à compartiments décorés d'arabesques bleus ; le fond blanc est couvert d'imbrications sur émail. Le revers est entièrement émaillé bleu clair.

21 — GRAND PLAT fond blanc à imbrications, décoré de rosaces bleues ; au centre un médaillon renfermant des figures d'animaux. Le revers est entièrement émaillé bleu clair.

22 — GRAND PLAT à fond blanc à imbrications, décor à compartiments d'arabesques bleus.

23 — GRAND PLAT à compartiments et feuillages bleus sur fond blanc.

24 — Autre à imbrications et dessins bleus ; au centre un dragon.

25 — GRAND PLAT BLANC à décor de feuillages et rinceaux bleus.

26 — Un autre à décor d'oiseaux et feuillages.

27 — Assiette à décor d'arabesques bleus et turquoise sur fond blanc.

28 — Six petits Plats, faïence de Perse, dont quatre décorés d'arabesques bleus sur fond blanc, les deux autres à fond bleu. — Très-ancienne fabrique remontant au xvi* siècle.

Ils sont de la forme des petits plats italiens dits *amatoria*.

Ce numéro sera divisé.

29 — Grande et belle Coupe à fond blanc entièrement couverte d'ornements formant rinceaux de couleur brune, avec rosaces bleu turquoise, à la partie inférieure une frise d'arabesques bleus. Pièce exceptionnelle.

30 — Coupe basse à décor de feuillages et rinceaux bleus sur fond blanc ; à l'intérieur se trouve une partie à relief formant compartiments.

31 — Grande Coupe à décor de feuillages et d'oiseaux bleus sur fond blanc.

32 — Coupe a décor d'oiseaux et feuillages bleus rehaussés de noir sur fond blanc.

33 — Coupe a décor de figures et feuillages en noir sur fond blanc.

34 — Vase aiguière à ouverture évasée, goulot droit partant de la panse ; dessins bleus sur fond blanc.

35 — Vase a large panse pour narghilé à cinq tuyaux à décor bleu sur fond blanc de style japonais.

36 — Autre plus petit à trois tuyaux.

37 — Vase de forme bouteille aplatie et carrée, décorée de feuillages blancs sur fond bleu ; le col et l'orifice sont en bronze décoré d'ornements finement ciselés.

38 — Bouteille à large col à décor de feuillages bleus sur fond blanc.

39 — Autre à peu près semblable.

40 — Bouteille à décor de dragons et nuages bleus sur fond blanc, style japonais.

41 — Autre à peu près semblable.

42 — Deux Bouteilles à décor de perdrix et feuillages bleus sur fond blanc.

43 — Petite Bouteille côtelée à décor bleu sur fond blanc.

44 — Petite Bouteille à long col à décor polychrome sur fond blanc.

45 — Autre à décor de fleurs rouges sur fond blanc.

46 — Bouteille décor à compartiments bleus et chamois sur fond blanc.

47 — Autre à décor de médaillons, oiseaux et animaux bleus sur fond blanc.

48 — BOUTEILLE à fond chamois, décor de feuillages blancs à reliefs.

49 — BOUTEILLE aplatie à long col, décor de figures bleues sur fond blanc, style japonais.

50 — PETIT FLACON entièrement à reflets métalliques, rouge viola cé

51 — PETIT FLACON à fond bleu foncé à ornements à reflets métalliques rouge violacé.

52 — FLACON de forme basse à dessins bleus sur fond blanc.

53 — PETITE COUPE festonnée à décor bleu sur blanc, le revers émaillé bleu turquoise.

54 — Autre analogue à revers blanc.

55 — CINQ BOLS à décor polychrome sur fond blanc : fabrique de Contaïa.
　　Seront divisés.

56 — COUPE sur pied élevé à fond blanc à décors, camaïeu bleu; le bord, découpé à jours et recouvert d'émail transparent, produit l'effet d'une broderie.
　　Porcelaine de Perse de la plus grande rareté et à l'instar des porcelaines du Japon ou de Chine en ce genre, dont plusieurs spécimens au n° 58.

57 — Cinq grands Plats en porcelaine dite de Perse, décorée d'ornements bleus sur fond blanc.
>Pièce de la plus grande rareté.
>Ce n° sera divisé.

58 — Neuf Pièces provenant d'un service à thé en porcelaine du Japon à décor bleu; le fond blanc, repercé à
jours et recouvert d'émail transparent, produit l'effet
d'une broderie. Même travail que la coupe de Perse
du n° 56.
>Seront divisées.

59 — Grande Plaque de revêtement carrée, fond à reflet
métallique cuivreux avec dessins enlevés en blanc. En
relief, un dragon représentant le génie du mal, et
occupant presque toute la surface à sa partie supé-
rieure, un ornement en relief faisant bordure.
>Pièce remarquable.

60 — Plaque rectangulaire de revêtement, fond bleu intense dont les ornements, enlevés en blanc, forment
des tiges finement enroulées d'où s'échappent de légers
feuillages bleus avec grande inscription en relief et à
reflets métalliques, bordée en rouge.

61 — Autre semblable.

62 — Plaque rectangulaire, fond à reflets métalliques
cuivreux; dessins enlevés en blanc et bleu turquoise.
Inscription en relief irisé et bleu clair.

63 — Autre à peu près semblable.

64 — Trois Plaques plus petites de même décor.

65 — Une autre plaque longue de même genre.

66 — Spécimen de revêtement formé par des étoiles entre-
mêlées de croix à fond brun, richement décoré d'arabesques à reflet métallique cuivreux, bordé d'inscriptions arabes.
Ces fragments qui ne se rencontrent qu'isolés forment
ici un ensemble intéressant.

67 — Trois Carreaux pareils à ceux forme d'étoile du
n° précédent. Deux carreaux à croisillons aigus ayant
fait partie d'une combinaison de revêtement, se com-
posent de ces croix et d'hexagones alternés, même dé-
coration. Ce n° sera divisé.

68 — Quatre Carreaux forme étoile à bords bleus couverts d'inscriptions ; au centre, des feuillages et animaux enlevés en blanc sur fond à reflets métalliques
cuivreux. Ce n° sera divisé.

69 — Six petites Étoiles à fond bleu et ornements blancs
à reflets ; au centre, une seconde étoile à décor de feuillages et oiseaux réservés en blanc sur fond à reflets
métalliques. Ce n° sera divisé.

70 — Petite Étoile à décor à compartiments moitié bleu
et moitié à reflets métalliques.

71 — Deux Carreaux forme étoile à quatre branches, à
décor d'ornements en relief sur fond à reflets métalliques.

72 — Deux petits Carreaux forme croisée fond bleu turquoise, décor à reliefs rehaussé d'or.

73 — Plusieurs fragments de carreaux variés.

OBJETS DIVERS

74 — Jolie aiguière, en cuivre, entièrement couverte de fines arabesques champlevées, gravées, avec parties damasquinées d'argent. L'anse formée par une chimère et le goulot par un lion accroupi. — Travail vénitien du xv° siècle.

75 — Très-beau Flambeau en cuivre, à pied évasé surmonté d'un plateau, le binet en forme de trèfle. Il est entièrement décoré d'arabesques champlevés sur damasquiné. — Travail vénitien du xvi° siècle.

76 — Grand Plat en cuivre, entièrement couvert de riches arabesques champlevés et gravés. xvi° siècle.

77 — Autre plat semblable.

78 — Coffret en fer entièrement couvert de fines arabesques damasquinées or et argent. xvi° siècle.

79 — Ecritoire en bronze composée d'une figure de faune portant une lampe. Il est placé sur un socle triangulaire ayant pour pieds trois mascarons barbus et muni de deux petits vases servant d'encrier et de poudrière. — Travail italien de la 1re partie du xvi° siècle.

80 — Figure équestre en bronze, représentant Marc Au-
rèle sur pied, hexagonale, supporté par des petits mascarons. — Travail italien, xvi⁰ siècle.

81 — Figurine de Guerrier, en bronze, armée d'un mau-
guet à rouet. — Travail italien de la fin du xvi⁰ siècle.

81 *bis* — Coffret carré long en bronze, décoré de bas-
reliefs représentant des centaures. Travail italien du
xv⁰ siècle.

82 — Petit Mortier en bronze décoré d'arabesques et
mascarons. — Travail italien, xv⁰ siècle.

83 — Bas-Relief en bronze à cire perdue représentant une
Sainte Famille et plusieurs saints.—Beau travail italien
du xvii⁰ siècle.

84 — Petit Dragon en bronze, les ailes déployées. — Travail italien, xvi⁰ siècle.

85 — Jolie Porte de Tabernacle en cuivre repoussé doré
et ciselé, richement décorée d'arabesques et grotesques.
— Travail italien du xvi⁰ siècle d'une grande finesse
d'exécution.

86 — Vase en cuivre repoussé, décoré d'arabesques. Il est
muni d'un goulot et d'une anse surélevée. — Travail
italien de la fin du xvi⁰ siècle.

87 — Plaque rectangulaire en émail de Limoges, décoré
d'arabesques et de grotesques en grisaille teintée, avec
la signature de François Limousin.

88 — **Très-jolie petite Plaque** ronde en émail de Limoges représentant des amours sur fond rouge rehaussé d'or, par Colin Nouaillier, commencement du xvie siècle.

88 *bis* — **Plusieurs Bagues** en or émaillé et autres des xvie et xviie siècles. Ce n° sera divisé.

89 — **Petit Coffret gothique** en bois sculpté et découpé à jours. xve siècle.

90 — **Coffret** italien du xve siècle, décoré de sujets en or sculpté et monté en mosaïque d'ivoire. — Travail dit *alla certosa.*

91 — **Belle Salade** vénitienne en fer recouverte en velours; le bord et la crète décorés de feuillages en cuivre découpé et repoussé, xve siècle.

92 — **Belle Épée** à coquille en partie repercée à jours, avec frise pleine décorée de figures de cavaliers ciselées dans la masse. — xvie siècle.

93 — **Mousquet** à rouet dont le bois est entièrement couvert d'ornements et figures gravées en ivoire, avec canon ciselé. — xvie siècle.

94 — Plusieurs fragments de selle et autres en fer repoussé très en relief et ciselé. — Superbe travail italien du xvie siècle.

95 — **Peigne** en ivoire sculpté décoré d'ornements et figures. — xve siècle.

96 — PEIGNE en buis richement décoré d'ornements et
rosaces découpées. — xvᵉ siècle.

97 — Autre à peu près semblable.

98 — STATUE en bois sculpté de grandeur naturelle représentant un des rois Mages. Elle est encore décorée de
son ancienne peinture.

99 — Autre un peu plus grande.

Ces deux figures du xiiiᵉ siècle faisaient partie d'un
monument, et, comme spécimen de cette époque, sont
de la plus grande rareté.

100 — MANUSCRIT, livre d'heures italien de la fin du xvᵉ
siècle, orné d'un grand nombre d'initiales à sujets.

101 — MOSAÏQUE BYZANTINE représentant un buste d'évêque
sur fond d'or. Beau travail du xiiiᵉ au xivᵉ siècle.

102 — CHRIST EN IVOIRE d'une très-belle exécution et
d'assez grande dimension ; il est placé sur une croix en
jaspe de Sicile montée en bronze doré. Beau travail
du commencement du xviiᵉ siècle.

103 — BELLE COUPE en verre de Venise émaillé et à piédouche du xvᵉ siècle. — Le vase est orné d'imbrications
en relief décorées de rosaces en émail de différentes
couleurs ; pièce rare.

104 — Petit Rétable d'autel s'ouvrant en deux parties, en verre églomisé, avec monture en bois sculpté. Il représente des figures de saints avec la Vierge. Travail italien du xive siècle, pièce rare très-complète.

105 — Horloge de bureau en ébène et écaille, époque Louis XIII, munie d'un beau mouvement astronomique.

106 — Petite Navette en écaille blonde piquée d'or. Epoque de Louis XV.

107 — Devant de coffre représentant un sujet mythologique. Beau travail en stuc du xve siècle.

108 — Deux Pilastres en stuc couverts de riches arabesques dans le goût de Nicoletto da Modena. Travail italien, xvie siècle.

109 — Paire de Chenets en fer surmontés de figures de lions en bronze. Epoque Louis XIII.

110 — Deux Grilles en fer forgé à rinceaux et feuillages. xviie siècle.

111 — Plat creux en métal blanc richement décoré d'ornements arabesques en or, les uns appliqués et les autres incrustés et enrichis de turquoises et rubis. Superbe travail oriental.

112 — Petit bassin arabe en bronze gravé, décoré d'arabesques.

113 — Grand écritoire arabe couvert de gravures très-fines et damasquinées.

114 — Petit bassin arabe en bronze gravé à inscriptions.

115 — Écritoire de ceinture avec étui en argent, parties gravées et dorées. Travail oriental.

116 — Petite boîte longue à coulisses, en ivoire, richement décorée d'incrustations d'or, de nacre et de turquoises. Travail persan.

117 — Un lot de vitraux allemands dans le style du xv° siècle.

Seront divisés.

118 — Paire de superbes fauteuils, travail italien (dit *alla certosa*) du xv° siècle, en bois de noyer, marqueté d'ivoire et de bois de différentes couleurs de la plus grande finesse d'exécution. Pièce d'ameublement de la plus grande rareté. Un morceau d'étoffe brodée provenant de leur ancienne garniture.

119 — Six siéges fauteuils en bois de noyer recouverts en point de Hongrie avec franges et cloux (forme d'olive), de la fin du xvi° siècle.

Ce numéro sera divisé.

120 — Un dessus de table hexagone en ébène avec incrustations d'ivoire.

121 — Grande table en noyer incrusté d'ornements en marqueterie d'ivoire.

122 — Autre du même genre en ébène et incrustations d'ivoire. Travail ancien de la fin du xvie siècle.

123 — Cabinet de l'époque de Louis XIII. Il est décoré entièrement d'ornements en cuivre ciselé et doré, et découpés à jour.

124 — Autre semblable.

125 — Cabinet de l'époque de Louis XIII avec incrustation d'imitation de matières dures.

126 — Autre dans le même genre.

127 — Cabinet de l'époque de Louis XIII orné de colonnes en verre et de glaces gravées; dans l'intérieur de la niche, sont représentés des personnages également gravés sur verre.

128 — Cabinet en ébène et incrustations d'ornements en ivoire. Travail ancien de l'époque de Louis XIII.

129 — Autre à peu près semblable.

130 — Deux autres plus petits.

131 — Deux torchères formées par des figures de nègre en bois sculpté, posées sur pieds triangulaires, et portant sur leur tête une corbeille. Travail ancien du xviie siècle.

132 — Six lumières ou miroirs en glace de Venise, gravées et à personnages. Époque de Louis XV. Ce n° sera divisé.

133 — Table-guéridon en marqueterie de marbres, supportée par une tige ornée en fer forgé, reposant sur un pied triangulaire en porphyre rouge oriental.

134 — Mortier en porphyre et couvercle.

135 — Autre sans couvercle.

136 — Deux autres plus petits.

137 — Très-grand Tapis d'Orient, décoré aux quatre angles et au milieu de motifs de la plus belle disposition; le fond est couvert d'arabesques bleus sur fond rouge, le tout encadré de plusieurs bordures différentes. Epoque du xvie siècle.

Belle conservation, 9 mètres sur 4 et demi.

138 — Superbe tapisserie de Flandre représentant une scène de fiançailles; les personnages sont représentés dans les plus riches costumes de l'époque de Louis XI. Bordure à feuillages. Belle conservation.

139 — BELLE CHASUBLE, étole et dessus de calice richement brodé en or.

140 — Lot d'anciennes tapisseries. — Lot considérable de feuilles en cuir de Cordoue. Ce n° sera divisé.

141 — DEUX RIDEAUX de portières en brocatelle bleu-clair sur fond jaune-pâle, d'une très-belle disposition de dessin. Environ 20 mètres.

142 — Un lot d'étoffes brodées. Ce n° sera divisé.

VERRES GRECS ANTIQUES

143 — PAIRE DE PETITS VASES forme d'aiguière ; ouverture à trèfle en verre blanc laiteux, chevronné sur la panse de zones manganèse.
Pièces de la plus grande rareté.

144 — Autre de même forme mais incomplet, en verre manganèse.

145 — JOLI VASE de forme amphore ; à la naissance du col, il est muni d'une anse détachée et de deux autres petites adhérentes au vase. Il est décoré de chevrons jaunes et bleu clair sur un fond couleur lapis foncé.

146 — Deux autres munis de petites anses avec panse en
forme de boule, chevronnée en jaune et bleu-clair sur
fond lapis.

147 — Autre dont la panse allongée en forme d'amphore
se termine par un petit piédouche.

148 — Vase (amphore) allongé, se terminant en pointe
chevronnée et jaune clair.

Grand fragment de vase pareil.

PEINTURES

149 — JANET dit CLOUET.

Portrait de Henri II lorsqu'il n'était que duc d'Or-
léans. Il est représenté imberbe, à l'âge à peu près de
16 ans, vêtu d'un pourpoint noir et coiffé d'un toquet
à plume blanche. Sur le fond vert, au-dessus de sa
tête, on lit cette inscription :

FEV. DVC DORLÉANS.

150 — HOLBEIN (Hans) de 1498 à 1554.

Portrait du maréchal Jacques-d'Albon de Saint-André.
Il est représenté à mi-corps, coiffé d'une toque et porte
par-dessus son pourpoint une pelisse bordée de four-
rure blanche. Fut un des triumvirs de la première ligue

contre les protestants et fut tué à la bataille de Dreux
gagnée sur eux.

Sur le fond, au-dessus de sa tête, on lit cette inscription :

MONSIEUR DE SAINCT-ANDRÉ.

151 — MABUSE (Jean-Van) de 1470 à 1532 ou MATSYN
(Quinten) de 1460 à 1531. (Ecole flamande).

Tryptique de forme contournée par en haut, dont
le tableau de milieu représente une déposition de croix;
sur un plan plus éloigné la mise au tombeau. — Sur
le volet de gauche, deux personnages, dont l'un tient
d'une main une lance et de l'autre la couronne d'épine,
à son côté pend une épée à belle poignée en matière
précieuse du xve siècle. Sur l'autre volet, deux femmes
en riche costume, dont l'une porte une boîte à parfums.

De la plus belle conservation.

152 — Deux volets d'un dyptique de petite dimension
représentant deux femmes en riche costume du
xve siècle, vues à mi-corps. Même attribution. Ecole flamande.

153 — Plusieurs peintures sujets mythologiques du xve et
xvie siècles.

Ce numéro sera divisé.

154 — Sous ce numéro seront vendus les objets omis au
présent catalogue.

www.ingramcontent.com/pod-product-compliance
Ingram Content Group UK Ltd.
Pitfield, Milton Keynes, MK11 3LW, UK
UKHW031718170726
13836UKWH00001B/325